SUR GRIN VOS CONNAISSANCES
SE FONT PAYER

- Nous publions vos devoirs
  et votre thèse de bachelor et master

- Votre propre eBook et livre –
  dans tous les magasins principaux du monde

- Gagnez sur chaque vente

Téléchargez maintentant sur www.GRIN.com
et publiez gratuitement

Germain Nyada

L'intimidation en termes simplifiés

GRIN Verlag

Bibliografische Information der Deutschen Nationalbibliothek:

Die Deutsche Bibliothek verzeichnet diese Publikation in der Deutschen National-
bibliografie; detaillierte bibliografische Daten sind im Internet über http://dnb.d-
nb.de/ abrufbar.

Imprint:

Copyright © 2014 GRIN Verlag GmbH
Druck und Bindung: Books on Demand GmbH, Norderstedt Germany
ISBN: 978-3-656-65914-3

This book at GRIN:

http://www.grin.com/fr/e-book/271966/l-intimidation-en-termes-simplifies

GRIN - Your knowledge has value

Der GRIN Verlag publiziert seit 1998 wissenschaftliche Arbeiten von Studenten, Hochschullehrern und anderen Akademikern als eBook und gedrucktes Buch. Die Verlagswebsite www.grin.com ist die ideale Plattform zur Veröffentlichung von Hausarbeiten, Abschlussarbeiten, wissenschaftlichen Aufsätzen, Dissertationen und Fachbüchern.

Visit us on the internet:

http://www.grin.com/

http://www.facebook.com/grincom

http://www.twitter.com/grin_com

L'INTIMIDATION EN TERMES SIMPLES

Par :

Germain NYADA, PhD

(Montréal)

Plan

Introduction

Introduction

Tout comme les autres sphères de la société québécoise voire de la société tout court, le milieu scolaire est le théâtre de nombreuses scènes de violence. Selon les estimations, environ 50 % de jeunes seraient victimes de manière répétitive d'actes d'intimidation dans les écoles.[1] Ce phénomène sans cesse grandissant en milieu scolaire au Québec a de lourdes conséquences tant sur les victimes, leurs agresseurs, les parents que sur les autres acteurs du monde éducatif. Beaucoup d'élèves finissent par exemple par développer une grande aversion à l'endroit de l'école suite à l'intimidation subie. De tels comportements et attitudes débouchent même parfois sur des décrochages scolaires et même au suicide comme ce fut le cas dans une école en Gaspésie. Or, malgré cette ampleur, seulement 10 % des trois mille écoles québécoises disposeraient de mesures pour contrer l'intimidation. D'où la nécessité impérieuse de s'intéresser à ce phénomène de plus en plus inquiétant qui a conduit au dépôt du projet de loi 56 le février 2012 par le gouvernement du Québec. Pour examiner le phénomène d'intimidation dans les établissements scolaires québécois, nous définirons d'abord cette notion dont l'acception ne fait pas toujours l'unanimité. Ensuite, nous aborderons tour à tour ses formes et les manifestations, nous présenterons ses acteurs ainsi que leurs profils respectifs avant de nous attaquer à ses conséquences multiples et pluridimensionnelles. Pour terminer, nous focaliserons sur le rôle des différents acteurs du milieu scolaire pour enfin formuler quelques recommandations.

1. Définition du concept

L'acception du terme « intimidation » pourrait paraitre évidente voire triviale aux yeux de certaines personnes. Cette impression plus ou moins proche de la réalité de l'intimidation s'explique essentiellement par le fait que chaque personne a son expérience personnelle avec l'intimidation, soit comme auteur, soit comme victime soit enfin comme témoin. La simplicité apparente du terme se dissipe pourtant sitôt que nous posons un regard minutieux sur ce mot. Pour cerner le terme « intimidation », nous nous appuyons sur des travaux antérieurs.

---

[1] L.-M. Gervais, « Injures et intimidation sont choses courantes chez les jeunes », in : http://www.ledevoir.com/societe/education/330934/injures-et-intimidation-sont-choses-courantes-chez-les-jeunes, page consultée le 16 mars 2012.
Lire également, J.-J. Breton, « Liaisons néfastes à l'école : victimes et intimidateurs », in : http://www.stacommunications.com/journals/leclinicien/2004/March/pdf/105.pdf, page consultée le 16 mars 2012.

Dans le premier chapitre de son ouvrage *Votre enfant est-il victime d'intimidation ?*[2] la journaliste britannique Sarah Lawson nous offre quelques définitions du phénomène en partant de certains stéréotypes des acteurs de l'intimidation. Forte de ces images stéréotypées de l'intimidateur et de sa victime, Lawson en arrive aux définitions du terme « intimidation » telles que formulées par d'autres chercheurs. Elle reprend d'abord la définition des psychopédagogues Peter Stephenson et David Smith. Ceux-ci conçoivent l'intimidation comme « une interaction dans laquelle un individu ou un groupe dominant cause intentionnellement des désagréments à un individu ou groupe moins dominant »[3]. Pour ces deux chercheurs, c'est le déséquilibre des forces en présence qui constitue le socle de l'intimidation.

Pour mieux saisir les contours du terme « intimidation », nous pourrions également reprendre à notre compte la définition du psychologue Dan Olweus qui stipule :

> Un enfant est dit victime d'intimidation quand un autre enfant ou un groupe d'enfants l'insultent ou lui disent des choses désagréables. Il l'est aussi quand il est frappé, menacé, enfermé dans une pièce, quand on lui envoie des billets injurieux, quand tous les autres refusent de lui parler, et ainsi de suite. Ces situations peuvent être répétées, et il est difficile pour l'enfant de se défendre. Taquiner un enfant méchamment et fréquemment constitue aussi un acte d'intimidation. Mais il ne s'agit pas d'intimidation quand deux enfants qui ont à peu près la même force se querellent ou se battent.[4]

Quoique venant des spécialistes et bien que l'universalité des définitions reprises ci-haut et leur applicabilité dans les écoles québécoises ne fassent l'ombre d'aucun doute, il conviendrait tout de même de trouver une définition du terme qui soit plus actuelle et plus proche de notre contexte d'étude. William Voors, travailleur social états-unien, estime par exemple qu'« [i]l y a intimidation quand une ou plusieurs personnes ont du plaisir à utiliser le pouvoir pour maltraiter de façon répétitive et constante une ou plusieurs personnes. »[5]

Dans une édition mise en ligne et datant du 15 février 2012, le journal *Le Devoir* nous offre justement une éclaircie de l'intimidation avec une dimension occultée par les deux premières définitions. Pour l'auteur de l'article publié dans ce quotidien en effet, est qualifié d'intimidation

---

[2] S. Lawson, *Votre enfant est-il victime d'intimidation?*, trad. J. Vaillancourt, Montréal : Les Éditions de l'Homme, 1996.
[3] Ibid.
[4] D. Olweus, *Violences entre élèves, harcèlements et brutalités. Les faits, les solutions. Collection Pédagogies recherche,* Paris : ESF éditeur, 1999, p. 35.
[5] W. Voors, *L'intimidation, Changer le cours de la vie de votre enfant*, Montréal : Sciences et culture, 2003, p. 29.

[…] tout comportement, parole, acte ou geste, y compris la cyberintimidation, exprimés directement ou indirectement, notamment par l'intermédiaire de médias sociaux, ayant pour but de léser, blesser, opprimer ou ostraciser [6].

De toutes ces définitions, il ressort qu'il y a une différence dans les émotions ressenties entre la victime et l'auteur d'un acte d'intimidation. Il résulte également de ce qui précède que l'intimidation ne s'accompagne pas forcément d'une agression et surtout, que la menace n'est pas toujours perceptible. Par contre et comme on peut le voir dans la troisième définition, les nouvelles technologies sont aujourd'hui au centre des comportements d'intimidation. Nous reviendrons sur cet élément dans la deuxième partie de ce travail. Les différentes définitions reprises ici nous permettent non seulement d'avoir une idée beaucoup plus précise du terme et du phénomène dont nous traitons, mais aussi de nous représenter sommairement ses formes et manifestations. La deuxième partie de cette analyse se propose justement de transcender la superficialité des formes et manifestations de l'intimidation.

2. Formes et manifestations de l'intimidation

Le « Programme de prévention à l'intention des écoles élémentaires »[7] identifie trois catégories majeures de comportement d'intimidation. Il s'agit des agressions physiques, verbales ainsi que de l'aliénation sociale. Chacune des catégories susmentionnées prendrait des formes graves ou très graves.

Dans sa forme grave, l'agression physique consiste à pousser, bousculer, cracher, donner des coups de pied ou à frapper un autre élève. En revanche, dans les formes très graves de l'agression physique, un élève peut menacer un autre à l'aide d'une arme, dégrader ses biens ou alors les lui voler.

La deuxième catégorie d'intimidation qui est l'agression verbale consiste dans sa forme grave à se moquer de l'autre élève, à l'injurier, à le regarder de travers ou à le tourmenter. Ses formes très graves sont les appels téléphoniques d'intimidation, les sarcasmes racistes, sexistes ou homophobes, la mise à défi de faire quelque chose de dangereux, les menaces verbales contre des biens, les menaces verbales de violence ou de blessures corporelles, la contrainte et enfin l'extorsion.

---

[6]   Le Devoir, « Intimidation: le projet de loi de Québec laissera de la latitude aux écoles », in : http://www.ledevoir.com/societe/education/342759/intimidation-le-projet-de-loi-de-quebec-laissera-de-la-latitudes-aux-ecoles, page consultée le 16 mars 2012.

[7]   Ministère de l'Éducation & Ministry of Attorney General, *Pleins feux sur l'intimidation. Programme de prévention à l'intention des écoles élémentaires*, Victoria : Province of British of Columbia, 1998, p. 11.

Quant à la troisième catégorie d'intimidation appelée aliénation sociale, le « Programme [8]» plus haut identifie cinq éléments pour caractériser ses formes graves. Il s'agit de commérer le camarade, de l'embarrasser, de le placer dans une situation qui le ridiculise, de faire courir des rumeurs le concernant et de l'exclure du groupe. Pour ce qui est des formes très graves de l'aliénation sociale, elles consistent à inciter à la haine, à faire prendre un blâme par un autre élève, à l'humilier en public et à faire circuler des rumeurs malveillantes. Les auteurs du Programme intègrent également les aliénations raciste, sexiste et homophobe dans cette catégorie d'intimidation.

Ainsi que nous avons pu l'observer, beaucoup d'études sur le phénomène d'intimidation ne font pas cas de sa dimension virtuelle, c'est-à-dire des comportements intimidateurs ayant cours dans les nouveaux médias ou à travers les nouvelles technologies de l'information et de la communication. Or, ces formes pourraient s'avérer être non seulement les plus usuelles de nos jours dans la société en général et dans les milieux scolaires en particulier, mais aussi les plus dangereuses. En effet, l'internet et les médias sociaux tels que *facebook* ou *twitter* et les nouvelles technologies telles que les téléphones portables et autres *iPhones* et *iPad* ne sauraient rester en marge des instruments d'intimidation au vu de l'importance sans grandissante qu'ils prennent actuellement dans le quotidien de nos jeunes. Compte tenu des chiffres vertigineux sur le nombre d'usagers de ces médias et technologies, il est indéniable que tout comportement d'intimidation à travers eux pourrait avoir des conséquences beaucoup plus dévastatrices en raison des innombrables « témoins virtuels ». Quels sont justement les acteurs de l'intimidation ? C'est à cette question que nous tentons de répondre dans la troisième partie de notre travail.

---

[8] Ministère de l'Éducation, *op. cit.*, p. 11.

3. Les acteurs et leur profil

Dans son ouvrage déjà cité, Sarah Lawson tente de circonscrire le profil des acteurs des comportements intimidateurs. Pour ce faire, elle part des représentations et autres représentations qui entourent les deux principaux termes intimement liés à l'intimidation, à savoir, « intimidateur » et « victime ». Selon elle, le premier renverrait à « l'image d'un garçon sale et débraillé, grand pour son âge, qui flanque des gifles aux plus petits pour voler leurs bonbons. »[9] À l'opposé, « victime » renverrait dans l'imaginaire humain à « l'image d'un enfant timide, chétif, le type d'enfant que nous aurions peut-être traité [...] de fils 'fils à sa maman' quand nous-mêmes allions à l'école. »[10] Lawson indique par la suite que les intimidateurs varient en taille et en âge. Elle souligne plus loin que si l'intimidateur cherche généralement à faire souffrir sa victime et à l'humilier, dans bien des cas, il n'est pas conscient de l'ampleur du mal qu'il lui fait. Nous pourrions observer au passage que tout comme leurs bourreaux, les victimes n'affichent pas absolument un profil identique. Elles s'écartent même souvent des stéréotypes relevés plus haut. Ceci est d'autant plus vrai que les actes d'intimidation sont plus divers. Par ailleurs, l'intimidation est un acte intentionnel et réfléchi destiné à blesser ou à mettre mal à l'aise.

Taquiner et tourmenter pourraient être des habitudes normales dans sa famille. Il est aussi probable que l'intimidateur n'ait pas encore appris à se mettre à la place des autres. Les provocateurs recherchent souvent l'attention (se faire des amis ou se rendre populaire), l'excitation (une manière de créer l'agitation et/ou de s'amuser) et/ou la vengeance (désir de se faire comprendre). Le service de psychologie nous apprend que l'intimidateur potentiel recèle des signes précurseurs facilement identifiables. Il pourrait par exemple :

- aimer se battre
- croire que tout doit être fait à sa manière
- refuser d'admettre ses erreurs
- mentir pour se sortir de l'embarras
- croire que les règles sont stupides
- faire délibérément souffrir les animaux
- avoir de la difficulté à faire confiance aux autres
- ne vouloir pas admettre lorsqu'il a peur
- avoir recours à la colère pour arriver à ses fins

---

[9] S. Lawson, op.cit. p. 23.
[10] Ibid., p. 24.

– adopter une attitude de supériorité face aux autres enfants[11].

En ce qui concerne la victime, elle n'est pas plus proche de son image stéréotypée que le bourreau. Pour Lawson, « [n]'importe qui risque d'être victime d'actes d'humiliation. »[12] Il suffirait donc de se trouver au mauvais endroit au mauvais moment. Ainsi présenté, les actes d'intimidation n'excluraient nullement les adultes. Seulement, les cibles privilégiées d'actes d'intimidation semblent être les enfants gênés, les enfants traumatisés et ceux qui sont physiquement faibles ou petits.

On remarque que Lawson omet la troisième catégorie d'intervenant dans les actes d'intimidation, à savoir, les témoins. Le témoin peut-être une victime, un défenseur ou défenseur possible de la victime, un badaud ou alors un supporteur de l'agresseur et donc, un intimidateur en puissance. Selon Olweus, lorsqu'un enfant voit que la personne qui pratique l'intimidation est récompensée, ses propres inhibitions contre un tel comportement diminuent. Il écrit : « Voir un modèle récompensé pour son comportement agressif tend à réduire les inhibitions de l'observateur (c'est-à-dire les blocages et les contrôles habituels) à l'encontre de l'état d'agressivité.[13] » Les inhibitions sont encore moindres lorsque plusieurs personnes semblent y prendre part. Pour Olweus, un ensemble de ces dynamiques déforment les perceptions qu'ont les observateurs de la victime. L'attention est alors davantage portée vers l'agresseur que vers la victime. La conjugaison de ces deux facteurs réduit le sentiment de culpabilité chez l'auteur des gestes d'intimidation. En revanche, une intervention des témoins peut mettre fin à l'intimidation. Il écrit encore :

> Et inversement, des conséquences négatives pour un modèle activent et renforcent les tendances inhibitrices de l'observateur. Dans une situation agresseur / victime, ce mécanisme peut fonctionner de la manière suivante : le modèle (le ou les agresseurs) est en général récompensé à travers sa victoire sur la victime.[14]

On pourrait donc conclure à la suite d'Olweus que donner aux témoins ou observateurs des compétences et de la confiance peut contribuer efficacement à mettre un terme au comportement d'intimidation. Le « Programme [15] » ajoute à juste titre que si une intervention active de la part des membres du milieu scolaire dans les situations d'intimidation est encouragée et valorisée, « les élèves sont plus susceptibles de contester les comportements

---

[11] B. Brideau-Rousselle & L. Michaud, « Service de psychologie, District 09 », in: http://www.docstoc.com/docs/110185061/L-intimidation-%EF%BF%BD-l-%EF%BF%BDcole-Parents, page consultée le 16 mars 2012.
[12] S. Lawson, *op. cit.* p. 24.
[13] Cf. D. Olweus, *op. cit.*, 1999, p. 47
[14] Ibid.
[15] Ministère de l'Éducation, *op. cit.*, p. 11.

d'intimidation plutôt que de rester passifs »[16]. Olweus résume tous ces cas de figure dans le tableau ci-après :

Les modes de réaction des élèves et les différents rôles qu'ils peuvent jouer dans une situation d'intimidation (Olweus, 1999)

Comme indiqué à l'introduction, l'intimidation n'est pas un phénomène anodin. Ses conséquences peuvent s'étendre sur toute une vie voire sur plusieurs individus. Il ne serait donc pas aberrant de se pencher sur les conséquences possibles des actes d'intimidation.

---

[16] Ibid.

4. Les conséquences

Les comportements d'intimidation commencent à un jeune âge et les caractéristiques apparaissent des fois chez certains enfants de deux et trois ans. Ces types de comportements précoces tendent à rester constants et même à s'aggraver plutôt qu'à diminuer avec l'âge. L'enfant agressif comme l'enfant victime d'intimidation sont confrontés à de véritables difficultés à l'âge adulte et leur avenir est plutôt sombre.

On constate qu'approximativement le quart des jeunes ayant usé d'intimidation ont eu des dossiers criminels à l'âge adulte. Ces comportements sont aussi précurseurs de violence familiale, de harcèlement sexuel et de la violence manifestés plus tard. Elle est non seulement un problème grave pour la vie des écoliers, mais aussi un problème très important pour la société en général. L'intimidation est donc source de véritables problèmes sur la vie de ses acteurs surtout aux plans personnel, interpersonnel, académique, professionnel et légal[17].

1- Au plan personnel

Les enfants qui subissent de l'intimidation sont habituellement plus sensibles, plus réservés et plus nerveux que les autres. On observe également la dépression, l'isolement, la perte de confiance en soi, l'anxiété et le risque suicidaire. Ces problèmes d'ordre émotionnel ne cessent pas toujours pendant l'enfance; ils peuvent se poursuivre et avoir un effet sur la personne adulte. A l'âge adulte, l'individu développe une perception erronée des intentions hostiles des autres, la colère, la dépression, l'impulsivité, mais il en est très peu conscient[18].

2- Au plan interpersonnel

Les enfants victimes d'intimidation se retirent lorsqu'il y a confrontation, et lorsqu'ils vivent un conflit, la peur les saisit. Leur isolement social les rend vulnérables et c'est là aussi la conséquence la plus néfaste de l'intimidation. Cet isolement les prive d'occasions d'acquérir et de mettre en pratique des habiletés sociales saines. Ils développent de la timidité, des pensées de vengeance, de l'inconfort dans les rencontres sociales. Devenus adultes, ils perçoivent des intentions hostiles, ont des difficultés à gérer la colère, développent un manque d'empathie, et ont très peu de remords. Ils disposent aussi d'une faible estime de soi.

---

[17] P. Boucher, *L'intimidation chez les enfants des 2ᵉ et 3ᵉ cycle du primaire : Les effets des deux dispositifs sur les comportements d'intimidation et les habiletés sociales des élèves*, [mémoire de maîtrise], Université du Québec à Rimouski, 2009, p. 7.
[18] Ibid.

3- Aux plans académique, professionnel et légal

Les victimes développent souvent une image négative de l'école et leur rendement scolaire finit par en souffrir. Ils ont un caractère emporté et sont turbulents. Ils souffrent des difficultés de concentration et ceci entraîne en général la baisse dans les résultats scolaires et l'absentéisme, le décrochage scolaire. D'après les estimations, 10 % des décrocheurs scolaires au secondaire rapportent qu'ils ne sont pas retournés à l'école par crainte d'être harcelés ou agressés[19]. Ils ont de véritables problèmes d'abus de substance (consommer afin d'être acceptés ou pour échapper à leur souffrance). On observe chez eux une attitude négative envers les études, avec un gros risque de décrochage scolaire, ils ont des revenus plus faibles, et sont davantage impliqué dans le vandalisme, les bagarres, les vols, les abus d'alcool, des comportements somme toute juridiquement répréhensibles.

4- Les effets à long terme

A long terme, les effets de l'intimidation s'observent chez les deux principaux acteurs : la victime et l'intimidateur.

➢ Les enfants victimisés

Comme l'intimidation est répétitive par définition, elle peut avoir des effets très traumatisants et durables sur les enfants et les jeunes. Généralement, les garçons et les filles qui en sont victimes manifestent des symptômes de dépression (tristesse, perte d'intérêt dans leurs activités), des symptômes d'anxiété (tensions, peurs et craintes), perdent l'estime de soi et, parfois, sont plus agressifs. L'intimidation peut également avoir d'autres effets sur les enfants qui en sont victimes : maux de tête, maux d'estomac, absentéisme scolaire et, dans les cas extrêmes, suicide. Selon la situation, certaines personnes qui ont été victimisées dans l'enfance disent en souffrir psychologiquement à l'âge adulte, ce qui peut comprendre une détresse permanente, un sentiment de culpabilité, la peur ou des troubles d'intériorisation comme la dépression[20].

➢ Les enfants intimidateurs

Contrairement à l'opinion communément répandue, l'intimidation ne commence ni ne finit à l'école. Comme d'autres formes de violence, ce comportement persiste en dehors de l'école et, pour ainsi dire, tout au long de la vie, faute d'une intervention appropriée. Laissé à

---

[19] B. Brideau-Rousselle & L. Michaud, *op. cit.*
[20] D.L. Haynie et al., « Bullies, Victims, and Bully/Victims: distinct groups of at-risk youth », in : *Journal of Early Adolescence*, février 2001, vol. 21, no 1, pp. 29-49.

lui-même, un enfant qui affiche un comportement intimidateur dès l'âge de cinq ans, présentera probablement ce genre de comportement à l'âge adulte. L'intimidation pratiquée dans l'enfance est étroitement liée au comportement antisocial à l'adolescence et à l'âge adulte. Les recherches révèlent que les enfants intimidateurs peuvent passer, à l'adolescence, au harcèlement sexuel, à la délinquance, aux activités liées aux gangs ou à la violence dans les fréquentations amoureuses[21]. Une étude américaine révèle que les étudiants intimidateurs sont sept fois plus susceptibles que les autres de porter une arme à l'école[22]. Olweus a constaté que les élèves de la 6e année à la 9e année qui affichent un comportement intimidateur sont six fois plus susceptibles d'avoir un casier judiciaire avant l'âge de 24 ans[23]. Devenus adultes, les enfants intimidateurs peuvent passer au harcèlement en milieu de travail ou faire preuve de violence à l'endroit d'un conjoint, d'un enfant ou d'une personne âgée.

Les jeunes qui intimident n'ont pas appris à résoudre leurs conflits interpersonnels et leurs frustrations de façon prosociale. Ils ont besoin d'aide pour changer leur mode de comportement avec les autres avant qu'il ne soit trop profondément enraciné. Les enfants qui continuent d'intimider pourraient souffrir plus tard de troubles psychologiques comme des problèmes d'extériorisation (troubles de conduite), des tendances agressives et, à l'occasion, des symptômes de dépression[24].

L'école dont le rôle est de former le citoyen de demain pourra, au travers de l'implication de l'ensemble de ses acteurs, jouer un rôle majeur dans l'apprentissage du règlement des conflits et de l'acceptation de l'autre auprès des intimidateurs et des victimes de l'intimidation. Ceci permettrait de lutter dans une certaine mesure contre ce fléau dont les conséquences à court, à moyen et à long terme sont dévastatrices. L'institution scolaire qui accueille les enfants et les garde plus longtemps que les parents a par conséquent un rôle à jouer face à la menace permanente et recrudescente de l'intimidation chez les élèves.

5. Rôle de l'école dans son ensemble

Une démarche touchant l'école dans son ensemble mobilise le directeur de l'établissement, les enseignants, les autres membres du personnel de l'école, les élèves et leurs

---

[21] R. Sampson, *Bullying in Schools*, U.S. Department of Justice, Office of Community Oriented Policing Services, 2002, p. 12.

[22] J.A. Fox, et al. *Bullying Prevention Is Crime Prevention*, Washington, Fight Crime: Invest In Kids, 2003, p. 8.

[23] Cf. D. Olweus, op. cit., 1999, p. 47.

[24] S. Harris, et al., *Bullying Among 9th Graders: An Exploratory Study*, National Association of Secondary School Principals, 2002, vol. 86, no 630, extrait le 10 octobre 2001, p. 6.

parents dans la recherche de solutions au problème de l'intimidation en milieu scolaire. Les rôles et les responsabilités de chacun dépendent de facteurs comme la culture de l'école, les paramètres du programme de lutte à l'intimidation et l'âge des élèves. Dans la résolution ou dans la lutte contre ce fléau, l'importance des rôles et responsabilités de chaque groupe n'est plus à démontrée.

5.1 La direction d'école

Le directeur joue un rôle clé dans la mise en œuvre et la promotion des initiatives de lutte contre l'intimidation au sein de l'établissement et parmi ses élèves[25]. Une campagne de lutte contre l'intimidation n'ira pas bien loin sans la coopération et l'adhésion totale du directeur de l'école. Ce dernier peut diriger les initiatives et inciter les élèves, les parents, les employés de l'école et les intervenants de la collectivité à y prendre part. Il est le responsable de l'attribution des rôles et des responsabilités de chacun – agresseurs, victimes et témoins d'actes d'intimidation, enseignants, parents, conseillers scolaires, membres de la collectivité. Les fonctions et responsabilités de chacun doivent être clairement définies dans la politique de lutte à l'intimidation adoptée par l'école.

5.2 Le personnel enseignant

La position d'un enseignant au sujet de l'intimidation peut avoir une incidence déterminante sur les élèves de sa classe. Certains enseignants estiment n'avoir aucune influence sur les rapports qu'entretiennent les élèves entre eux et s'abstiennent donc d'intervenir. D'autres ne voient pas la nécessité d'intervenir contre un phénomène qu'ils jugent « naturel » chez l'enfant. Une autre croyance communément répandue est qu'il y a peu ou pas du tout d'épisodes d'intimidation dans la salle de classe.

Les enseignants qui n'ont pas reçu de formation sur la question peuvent en fait encourager les actes d'intimidation dans leur salle de classe en fermant les yeux ou en les banalisant. L'enseignant doit être conscient des problèmes susceptibles de survenir dans la classe ou dans l'école pour pouvoir prendre les mesures préventives qui s'imposent. Il doit faire régner une bonne ambiance dans la classe, et apprendre à ses élèves à se comporter et à résoudre les conflits de manière prosociale. Les ateliers de formation sur les interventions en situation d'intimidation, les moyens de lutte contre l'intimidation et les modèles de

---

[25] Ibid.

comportement peuvent aider les enseignants à remplir leur rôle en matière de gestion de classe[26].

5.3 Les conseillers scolaires

Lorsqu'une situation d'intimidation est hors de contrôle, un conseiller scolaire peut intervenir auprès des élèves directement concernés. Les conseillers scolaires ont un rôle important à jouer dans la lutte contre l'intimidation à l'école en répondant aux besoins particuliers des élèves concernés. Les conseillers n'utilisent pas tous les mêmes méthodes, mais leur responsabilité première est habituellement de servir d'intermédiaire entre l'auteur et la victime pour amener les deux parties à s'entendre sur une solution. Tout au long de la médiation, le conseiller peut favoriser un rapprochement entre les deux parties dans l'espoir d'aboutir à une solution. Il peut également aider les autres employés de l'école à intervenir comme il convient en situation d'intimidation. Le but visé au bout du compte est de déterminer quelles sont les causes profondes de l'intimidation et de la victimisation. Dès l'instant où ces causes sont connues, on peut guider les élèves dans le choix de solutions positives.

Dans certains cas, le conseiller doit faire participer les parents au dialogue pour veiller à ce que la situation soit véritablement réglée[27]. Il vérifie par des contacts réguliers avec les parents si l'intervention porte fruit ou si un traitement plus en profondeur s'impose. En outre, le conseiller est bien placé pour déterminer si les élèves concernés bénéficieraient de l'aide additionnelle d'un organisme ou d'un autre groupe de soutien et, s'il y a lieu, il tentera d'aiguiller les enfants ayant des problèmes psychosociaux plus graves.

5.4 Autres employés de l'école (administrateurs, commissaires, employés de soutien)

Les élèves apprennent mieux avec des exemples concrets. Il s'avère donc nécessaire que les attitudes et le comportement des adultes soient conformes à la politique de lutte à l'intimidation en vigueur dans l'école. Les employés de l'école peuvent véhiculer, directement ou indirectement, le message erroné selon lequel l'intimidation est un rite de passage, que les enfants doivent régler leurs propres conflits et que le problème disparaîtra de lui-même si l'on ferme les yeux. Devant de telles attitudes et l'indifférence face aux incidents d'intimidation, la

---

[26] P. Smith, (dir.), *Bullying: Don't Suffer in Silence – an anti-bullying pack for schools*, Department for Education and Skills, Royaume-Uni, 2000, p. 22.
[27] X. Ma et al., *Bullying in school: nature, effects and remedies*, Research Papers in Education, 2001, vol. 16, no 3, pp. 247-270.

victime ne peut compter que sur elle-même pour résoudre un problème qui la dépasse. Généralement, les actes d'intimidation se poursuivent et les conséquences s'aggravent. Il est primordial que les adultes interviennent pour aider la victime et pour rééquilibrer le rapport de force entre les parties.

5.5 Les élèves

Tous les élèves, et non pas seulement ceux qui sont directement concernés par les actes d'intimidation, gagnent à acquérir les habiletés sociales et les techniques requises pour lutter contre l'intimidation. L'apprentissage du comportement prosocial profite à l'école dans son ensemble, chacun apprenant à traiter les autres avec respect et à se défendre sans recourir à l'intimidation ni à la violence.

L'examen des programmes de lutte à l'intimidation effectué dans le cadre de l'*Initiative canadienne pour la prévention de l'intimidation* (CIPB)[28] a révélé que les interventions les plus réussies se situent à trois niveaux et profitent non seulement aux élèves directement concernés dans les incidents d'intimidation mais également à tous les élèves de l'école dans son ensemble. Ces trois niveaux d'intervention sont :

1) les programmes universels ciblant l'ensemble des élèves;

2) les programmes indiqués à l'intention des élèves qui en sont à leurs premières expériences en matière d'intimidation, comme les jeunes agresseurs ou les victimes;

3) les programmes sélectifs à l'intention de ceux qui ont des problèmes plus graves en tant qu'auteurs ou victimes[29].

Cette démarche permet de s'assurer que tous les élèves sont conscients du problème et savent comment y remédier. Elle permet également de fournir un appui supplémentaire à ceux qui en ont le plus besoin.

5.6 Les parents

La contribution des parents à la lutte à l'intimidation dans les écoles est primordiale. Le but premier de la mobilisation des parents est d'améliorer la communication entre eux et l'école au sujet du problème de l'intimidation et d'obtenir leur appui à la politique et aux programmes d'échec à l'intimidation en vigueur dans l'école. À cette fin, on peut demander aux parents de fournir de l'information en vue de l'évaluation préliminaire des besoins et de

---

[28] *Canadian Initiative for the Prevention of Bullying* (CIPB) Conference, LaMarsh Centre for Research on Violence and Conflict Resolution, Ottawa, décembre 2004, p. 37.

[29] Ibid.

l'élaboration d'une politique de lutte à l'intimidation. Par ailleurs, il faut bien informer les parents au sujet du problème de l'intimidation et des moyens d'y remédier, et les inciter à contacter l'école s'ils ont des soupçons relativement à des actes d'intimidation.

Le rôle des parents est d'une grande importance pour ce qui est d'aider leur enfant à composer avec la violence à l'école. Ils doivent être mieux informés des problèmes auxquels font face leurs enfants dans la vie quotidienne, dont la violence en général et l'intimidation en particulier. Des parents qui n'ont pas conscience de la gravité et de l'étendue de ces problèmes ne peuvent venir en aide à leurs enfants. Quelques recommandations sont donc nécessaires.

6. Recommandations

En s'inspirant des pratiques prometteuses mentionnées dans les études universitaires, les recommandations suivantes formulées[30] représentent une première tentative pour aborder certains des besoins spécifiques des jeunes victimes d'intimidation. Elles reconnaissent la responsabilité des écoles, du personnel scolaire, des élèves et des parents pour faire face à l'intimidation.

Les écoles

➢ Élaborer et mettre en œuvre une approche de l'intimidation plus intégrative et globale en milieu scolaire qui implique tous les membres de la communauté scolaire, y compris les enseignants, les élèves, les administrateurs et les parents. Cette approche devrait reconnaître que les intimidateurs, les victimes, les pairs, la salle de classe et l'école sont tous affectés par l'intimidation.

➢ Utiliser le programme scolaire pour sensibiliser les élèves à l'intimidation. Les méthodes basées sur le programme peuvent comprendre le jeu de rôle, l'art dramatique, la littérature, les discussions, la création littéraire et les cercles de qualité. Cette dernière méthode donne aux élèves l'occasion de partager leur opinion sur la façon d'améliorer le milieu scolaire. L'art dramatique et le jeu de rôle peuvent aider les élèves à explorer les problèmes liés à l'intimidation et à examiner les expériences personnelles, à explorer la motivation des intimidateurs, à reconnaître les conséquences liées à l'intimidation, à prendre connaissance de l'impact de l'intimidation sur la famille et à trouver des moyens d'éliminer l'intimidation. La littérature et la création littéraire permettent aux élèves de

---

[30] Sécurité publique, « La prévention de l'intimidation à l'école », in :
http://www.securitepublique.gc.ca/res/cp/res/bully-fra.aspx#a04›... ›, page consultée le 5 mars 2012.

partager leurs expériences et émotions sur l'intimidation et d'accroître leur sensibilité et leur réceptivité face à l'intimidation.

➤ Encourager, faciliter et accroître la sensibilisation des enseignants à l'intimidation en organisant des conférences d'un jour sur l'intimidation et en augmentant la disponibilité des ressources sur ce sujet.

➤ Développer des ateliers qui ciblent et soulignent les comportements prosociaux, haussent l'estime de soi des élèves et offrent un cadre sécuritaire pour leur permettre de changer leur comportement et de recevoir le soutien et le respect auxquels ils s'attendent.

➤ Créer un contexte social qui aide les jeunes à développer leurs habiletés de communications interpersonnelles à l'aide d'une politique interdisant les comportements agressifs.

➤ Encourager les élèves à se responsabiliser pour favoriser la disparition de l'intimidation grâce à leur participation à des programmes de mentorat de leurs pairs et de gestion des conflits.

➤ Mettre en œuvre des programmes d'intervention mettant l'accent sur les types d'intimidation plus cachés et indirects (exclusion sociale, isolement et ostracisme) qui passent souvent inaperçus, sont difficiles à détecter et ont un impact négatif sur le bien-être des jeunes.

➤ Élaborer un code de comportement qui indique les cas d'intimidation inacceptables et les mesures de contrôle qui devraient être plus éducatives que punitives, enseigner l'empathie à l'intimidateur et lui permettre de comprendre comment son comportement affecte les autres.

➤ Mettre sur pied un groupe de coordination ou un comité formé d'un directeur et d'enseignants chargés de développer et mettre en œuvre des programmes de prévention de la violence à l'école.

➤ Organiser des réunions de classe et des discussions sur l'intimidation.

➤ Assurer que les interventions s'accomplissent impérativement lors de tout signalement d'un incident d'intimidation.

➤ Reconnaître l'impact sur la santé mentale des victimes d'intimidation, comme le faible estime de soi.

➤ Revoir les politiques annuellement pour assurer le renforcement et le maintien des ressources, des services et des interventions.

➤ Intervenir rapidement lors d'intimidation et s'impliquer tout au long du processus de règlement de la situation.

➤ Enseigner à l'intimidateur des façons plus appropriées pour établir des rapports avec ses pairs.

Les enseignants, les intervenants scolaires et les autres membres du personnel

➤ Prendre les incidents d'intimidation au sérieux en parlant avec les parents de la victime, l'intimidateur et ses parents pour trouver les raisons de l'intimidation, ainsi que les actions et interventions à entreprendre.

➤ Obtenir l'aide du directeur et d'un conseiller en orientation scolaire pour développer des lignes directrices permettant de cerner les incidents d'intimidation.

➤ Intervenir lors d'épisodes d'intimidation.

➤ Évaluer l'efficacité des méthodes d'intervention en matière d'intimidation.

➤ Sensibiliser tous les jeunes aux impacts et aux conséquences à long terme de l'intimidation pour la victime et l'intimidateur.

➤ Accorder une attention individuelle à l'intimidateur pour l'aider à cesser son comportement.

➤ Mettre en œuvre des programmes de soutien des victimes par les autres élèves pour aider les victimes à comprendre l'importance de s'entourer de pairs sur lesquels elles peuvent compter.

Les élèves

➤ Suivre les modalités d'un encadrement visant à contrôler les actes d'intimidation, y compris l'importance du regroupement des témoins lors d'un épisode d'intimidation pour y mettre fin.

➤ Réagir de façon appropriée à l'intimidation en participant à l'élaboration de stratégies d'intervention efficaces et adaptées.

➤ Organiser des groupes de soutien à l'intention des victimes et de tous les jeunes impliqués dans des épisodes d'intimidation.

➤ Développer et mettre en œuvre des activités de renforcement d'estime de soi pour les pairs.

➤ Développer et mettre en œuvre des programmes de formation et de sensibilisation à l'intention des pairs.

➤ Développer et mettre en œuvre des programmes de mentorat.

➤ Développer et mettre en œuvre des programmes de médiation.

Les parents

➢ Collaborer avec le directeur en vue de trouver des moyens pour faire face au comportement de l'intimidateur, des mesures de contrôle, des stratégies futures et des activités pouvant aider le jeune à développer de solides qualités de leadership.

➢ Rencontrer un policier pour discuter des implications juridiques et des solutions en matière d'intimidation.

Conclusion

En guise de conclusion, nous remarquons que la signification réelle du terme « intimidation » est beaucoup plus complexe que l'on imagine a priori. Son sens n'apparaît clairement que si le phénomène fait l'objet d'une analyse rigoureuse. De ce qui précède, il ressort également que l'intimidation peut prendre des formes diverses et variées. Ses principales manifestations s'observent cependant sur le plan physique, verbal, social et virtuel. Quant aux acteurs de ce comportement en pleine recrudescence qui englobe et embrase la population scolaire dans son ensemble, ils sont ou victime, ou auteur ou alors simplement témoin des actes d'intimidation perpétrés dans les écoles du Québec. Quant aux conséquences de l'intimidation, elles sont à l'image du phénomène, c'est-à-dire qu'elles sont nombreuses et diverses. Elles s'étendent en effet de la sphère individuelle et purement privée aux univers académique, professionnel et légal en passant par les rapports interpersonnels. Les effets néfastes de l'intimidation dans les établissements scolaires québécois sont donc à court, à moyen et à long terme. Nous avons également relevé dans notre analyse que pour combattre l'intimidation – à défaut de l'éradiquer complètement des milieux scolaires québécois -, une intervention et une participation adéquates de tous les acteurs du monde éducatif sont indispensables. Toutes ces personnes pourraient mettre en pratique toutes les nombreuses recommandations formulées par les spécialistes et théoriciens de l'éducation pour venir à bout à cette forme de déviance.

Sources citées

Boucher, Patricia, *L'intimidation chez les enfants des 2ᵉ et 3ᵉ cycle du primaire : Les effets des deux dispositifs sur les comportements d'intimidation et les habiletés sociales des élèves*, [mémoire de maîtrise], Université du Québec à Rimouski, 2009, p. 7.

Breton, Jean-Jacques, « Liaisons néfastes à l'école : victimes et intimidateurs », in : http://www.stacommunications.com/journals/leclinicien/2004/March/pdf/105.pdf, page consultée le 16 mars 2012.

Brideau-Rousselle, Brigitte & Lucie Michaud, *Service de psychologie, District 09, in :* http://www.docstoc.com/docs/110185061/L-intimidation-%EF%BF%BD-l-%EF%BF%BDcole-Parents, page consultée le 23 mars 2012.

Canadian Initiative for the Prevention of Bullying (CIPB) Conference, LaMarsh Centre for Research on Violence and Conflict Resolution, Ottawa, décembre 2004.

Canada, Sécurité publique, « La prévention de l'intimidation à l'école », in : http://www.securitepublique.gc.ca/res/cp/res/bully-fra.aspx#a04, page consultée le 5 mars 2012.

Fox, James A. et al. *Bullying Prevention Is Crime Prevention*, Washington : Fight Crime, Invest in Kids, 2003.

Gervais, Lisa-Marie, « Injures et intimidation sont choses courantes chez les jeunes », in : http://www.ledevoir.com/societe/education/330934/injures-et-intimidation-sont-choses-courantes-chez-les-jeunes, page consultée le 16 mars 2012.

Harris, Sandy, et al., *Bullying Among 9ᵗʰ Graders : An Exploratory Study*, National Association of Secondary School Principals, 2002, vol. 86, no 630, extrait le 10 octobre 2001.

Haynie, Denise L. et al., « Bullies, Victims, and Bully/Victims : distinct groups of at-risk youth », in : *Journal of Early Adolescence*, février 2001, vol. 21, no 1, pp. 29-49.

Lawson, Sarah, *Votre enfant est-il victime d'intimidation?*, trad. J. Vaillancourt, Montréal : Les Éditions de l'Homme, 1996.

Le Devoir, « Intimidation : le projet de loi de Québec laissera de la latitude aux écoles », in : http://www.ledevoir.com/societe/education/342759/intimidation-le-projet-de-loi-de-quebec-laissera-de-la-latitudes-aux-ecoles, page consultée le 16 mars 2012.

Ma, Xin et al., *Bullying in school : nature, effects and remedies*, Research Papers in Education, 2001, vol. 16, no 3, pp. 247-270.

Ministère de l'Éducation & Ministry of Attorney General, *Pleins feux sur l'intimidation. Programme de prévention à l'intention des écoles élémentaires*, Victoria : Province of British of Columbia, 1998.

Olweus, Dan, *Violences entre élèves, harcèlements et brutalités. Les faits, les solutions. Collection Pédagogies recherche,* Paris : ESF éditeur, 1999.

Sampson, Rana, *Bullying in Schools*, U.S. Department of Justice, Office of Community Oriented Policing Services, 2002.

Smith, Peter, *Bullying : Don't Suffer in Silence – an anti-bullying pack for schools*, Department for Education and Skills, Royaume-Uni, 2000.

Voors, William, *L'intimidation, Changer le cours de la vie de votre enfant*, Montréal : Sciences et culture, 2003.